AF598979

Sports and Games
Los Deportes y Los Juegos

backboard
el tablero

basketball
el baloncesto

flag
la bandera

net
la red

hockey skates
los patines de hockey

skateboard
la patineta

by Mary Berendes • illustrated by Kathleen Petelinsek

childsworld.com

Published by The Child's World®
800-599-READ • childsworld.com

Language Adviser
Ariel Strichartz

ISBN Information
9781503884946 (Reinforced Library Binding)
9781503886063 (Portable Document Format)
9781503886704 (Online Multi-user eBook)
9781503887343 (Electronic Publication)

LCCN
2023937309

Printed in the United States of America

About the Author

Mary Berendes has authored more than 75 books for children, including nature titles as well as books about parables, fables, countries, and holidays. Mary loves collecting antique books and playing the piano when her twin children allow her some free time. She lives with her family in Minnesota.

About the Illustrator

Kathleen Petelinsek has loved to read and draw since she was a child. As an adult, she has illustrated well over 100 books for children. She also loves animals. Kathleen and her husband live in Wisconsin with their two dogs, one cat, and three chickens.

baseball
el béisbol

basketball
el baloncesto

cycling
el ciclismo

football
el fútbol americano

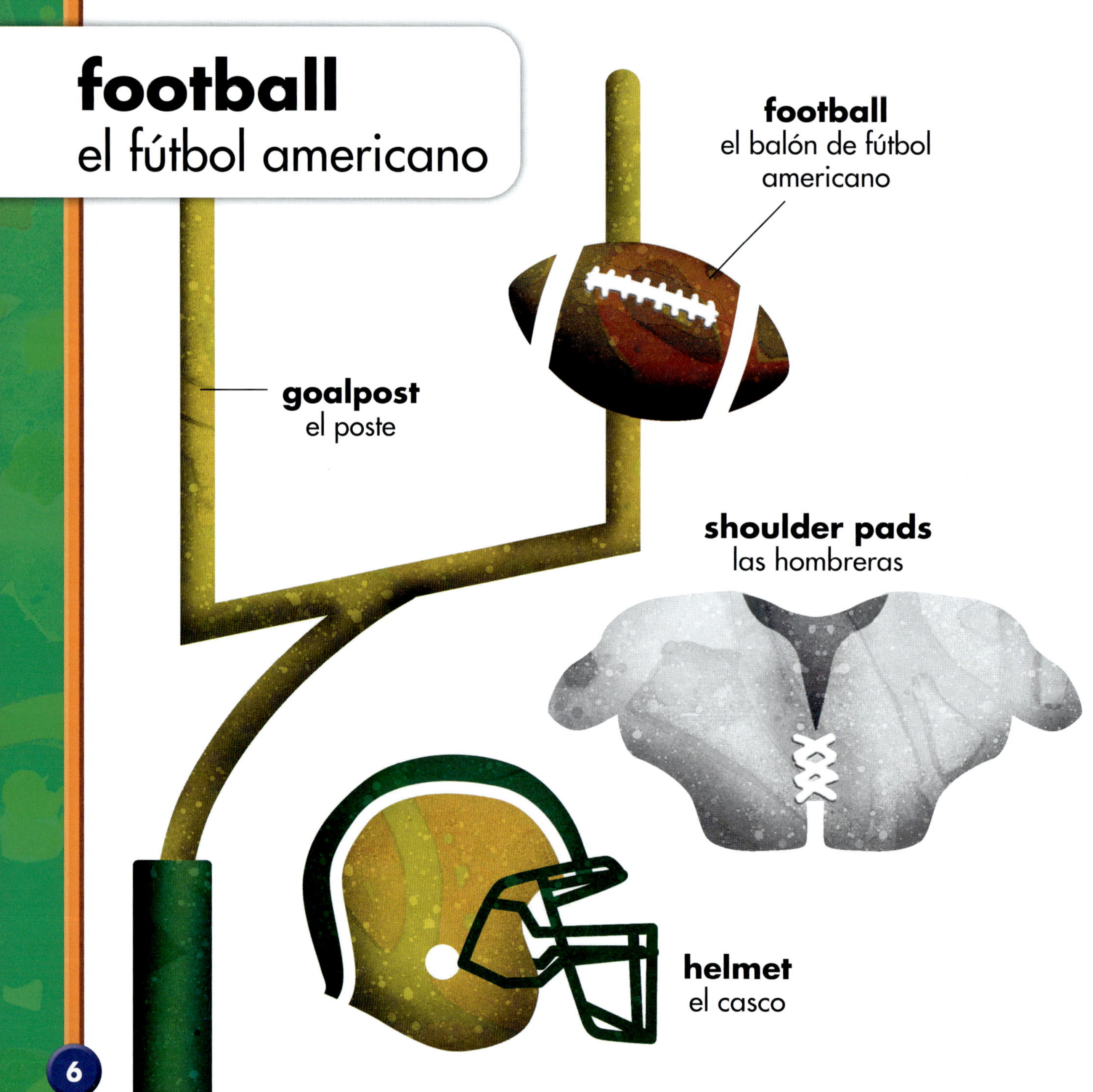

soccer
el fútbol

ice hockey
el hockey sobre hielo

stick
el bastón del jugador

helmet
el casco

chin strap
la correa de barbilla

hockey skates
los patines de hockey

puck
el disco

golf
el golf

flag
la bandera
club
el bastón de golf
golf ball
la pelota
de golf
tee
el tee

tennis
el tenis

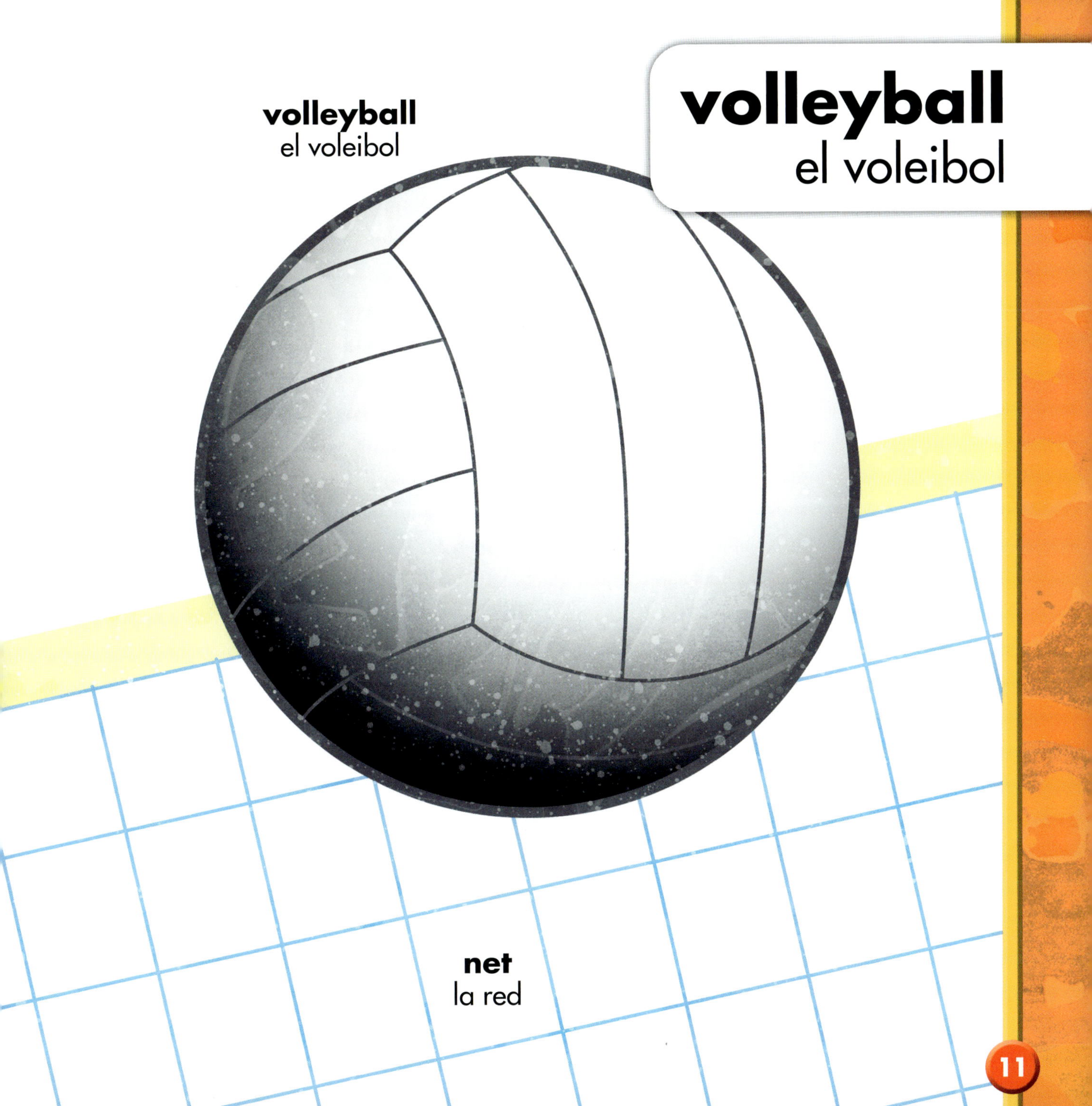

volleyball
el voleibol

karate
el karate
white belt
el cinturón blanco
yellow belt
el cinturón amarillo
orange belt
el cinturón anaranjado
black belt
el cinturón negro
soft helmet
el cabezal
green belt
el cinturón verde
blue belt
el cinturón azul
brown belt
el cinturón marrón

lacrosse
el lacrosse

camping
camping

tent
la tienda

lantern
la linterna

campfire
la fogata

firewood
la leña

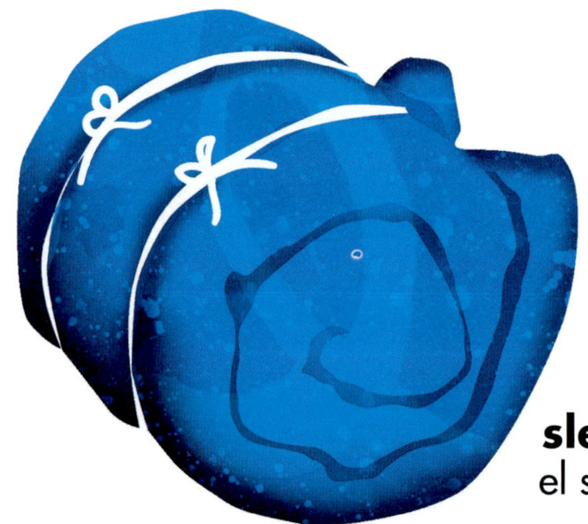

sleeping bag
el saco de dormir

fishing
la pesca

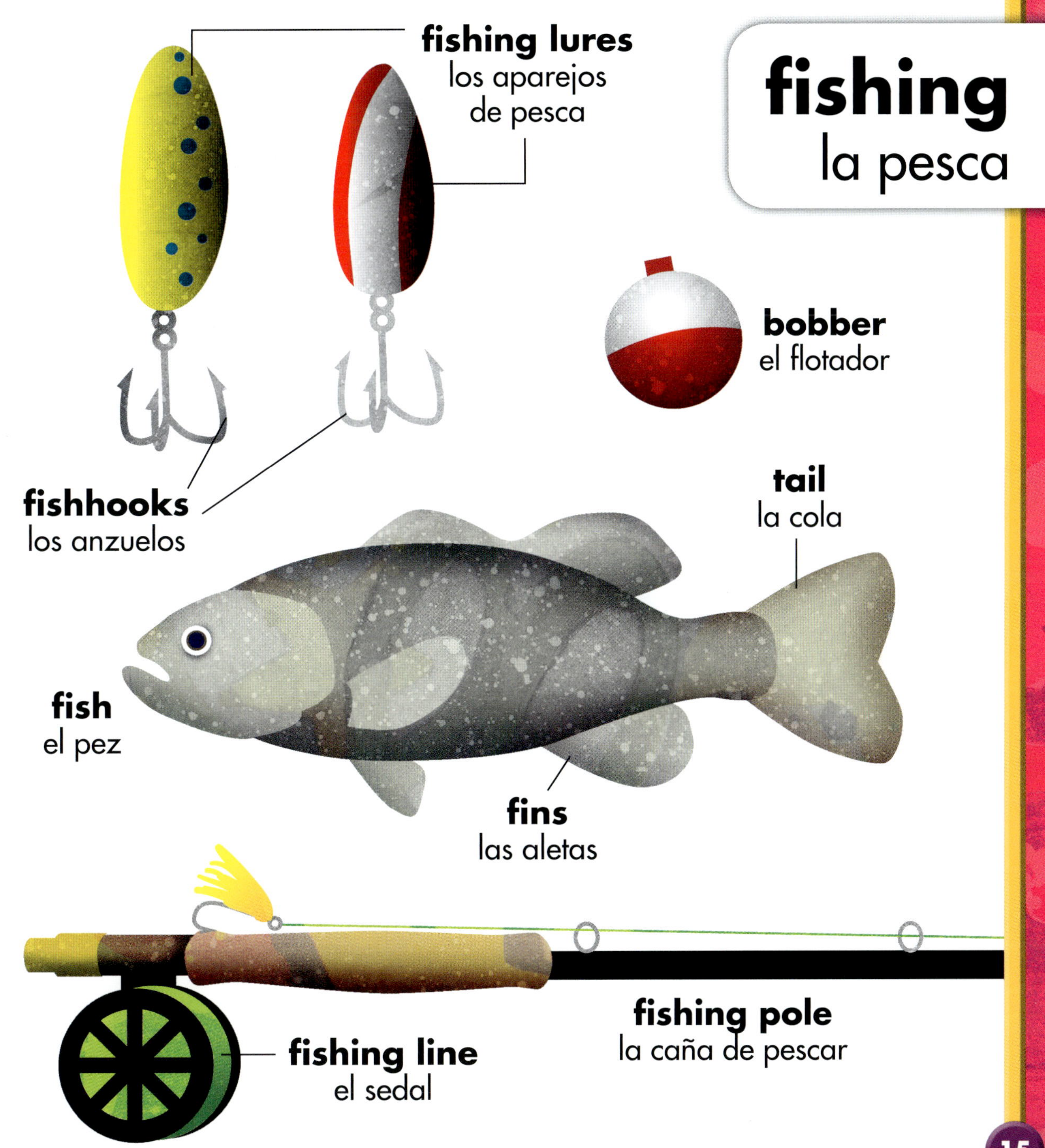

dance
la danza

tutu
el tutú

ballet slippers
las zapatillas
de ballet

tap shoes
los zapatos
de claqué

gymnastics
la gimnasia

rings
las anillas

leotard
el leotardo

balance beam
la barra de equilibrio

running
correr

swimming
la natación

swim trunks
los bañadores

goggles
las gafas

swimsuit
el traje de baño

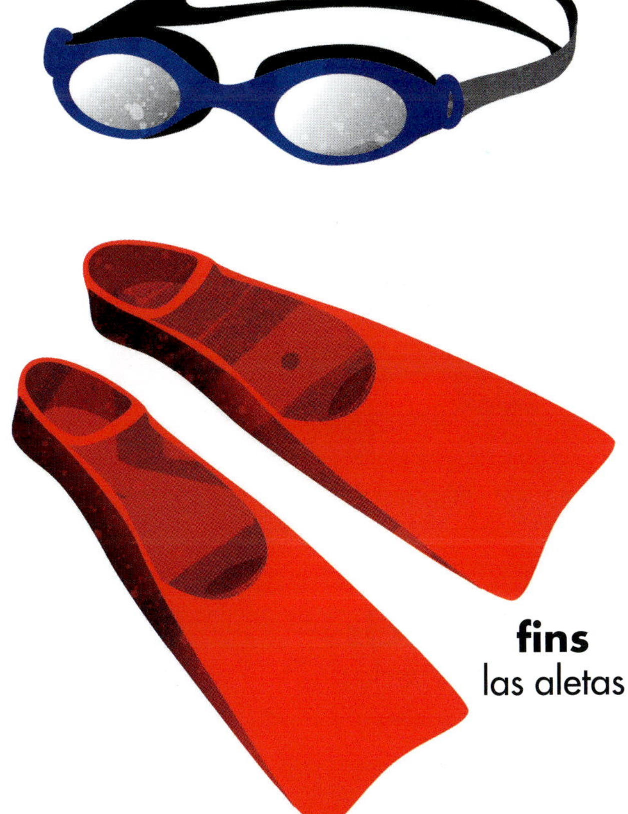

fins
las aletas

skating
el patinaje

skiing
el esquí

skateboarding
ir en monopatín

sledding
ir en trineo

cap
el gorro

sled
el trineo

mittens
los mitones

WORD LIST
lista de palabras

backboard	el tablero
balance beam	la barra de equilibrio
ballet slippers	las zapatillas de ballet
baseball (ball)	la pelota de béisbol
baseball (sport)	el béisbol
baseball bat	el bate de béisbol
baseball cap	la gorra
basketball	el baloncesto
bicycle	la bicicleta
bike helmet	el casco de bicicleta
black belt	el cinturón negro
blade	la cuchilla
blue belt	el cinturón azul
bobber	el flotador
brake lever	la palanca de freno
brown belt	el cinturón marrón
campfire	la fogata
camping	camping
cap	el gorro
chin strap	la correa de barbilla
club (golf)	el bastón de golf
cycling	el ciclismo
dance	la danza
downhill skis	los esquís
figure skates	los patines
fins	las aletas
firewood	la leña
fish	el pez
fishhooks	los anzuelos
fishing	la pesca
fishing line	el sedal
fishing lures	los aparejos de pesca
fishing pole	la caña de pescar
flag	la bandera
football (ball)	el balón de fútbol americano
football (sport)	el fútbol americano
games	los juegos
glove	el guante
gloves (lacrosse)	los guantes de lacrosse
goal	la portería
goalpost	el poste
goggles	las gafas
golf	el golf
golf ball	la pelota de golf
green belt	el cinturón verde
grip	la empuñadura
gymnastics	la gimnasia
handlebars	el manillar
helmet	el casco
hockey skates	los patines de hockey
ice hockey	el hockey sobre hielo
inline skates	los patines en línea
karate	el karate
lacrosse	el lacrosse
lacrosse ball	la pelota de lacrosse
lantern	la linterna
leotard	el leotardo
mittens	los mitones
net	la red
orange belt	el cinturón anaranjado
pedals	los pedales
pocket (on lacrosse stick)	el bolsillo del palo
puck	el disco
ramp (skateboard)	la rampa
rings	las anillas
running	correr
running shoes	las zapatillas para correr
seat	el sillín
shoelaces	los cordones
shoulder pads	las hombreras
skateboard	la patineta
skateboarding	ir en monopatín
skating	el patinaje
ski boots	las botas para esquiar
ski poles	los bastones de esquí
skiing	el esquí
sled	el trineo
sledding	ir en trineo
sleeping bag	el saco de dormir
snowboard	la plancha para nieve
snowboard boots	las botas para surfear en nieve
soccer	el fútbol
soccer ball	el balón de fútbol
soft helmet	el cabezal
sports	los deportes
stick (hockey)	el bastón del jugador
stick (lacrosse)	el palo de lacrosse
stopwatch	el cronómetro
stringing	el cordaje
swim trunks	los bañadores
swimming	la natación
swimsuit	el traje de baño
tail	la cola
tap shoes	los zapatos de claqué
tee	el tee
tennis	el tenis
tennis ball	la pelota de tenis
tennis racket	la raqueta de tenis
tent	la tienda
tire	el neumático
tutu	el tutú
volleyball	el voleibol
water bottle	la cantimplora
wheels	las ruedas
whistle	el pito
white belt	el cinturón blanco
yellow belt	el cinturón amarillo